federleicht-abnehmen

AF202481

federleicht-abnehmen

Andi Dim

federleicht abnehmen

Ernährung ohne Gängelei

federleicht-abnehmen

© 2019 Andreas Dimter

Verlag & Druck: tredition GmbH, Hamburg

ISBN
Paperback   978-3-7482-4393-9
Hardcover   978-3-7482-4394-6
E-Book   978-3-7482-4395-3

Ina,

für immer unsere Zeit

federleicht-abnehmen

Vorwort

Jeder Mensch wird vom Leben auf seinen ganz persönlichen Weg geschickt. Mich hat dabei eine Frage schon immer besonders bewegt:

Warum tun Menschen immer wieder Dinge, die sie *eigentlich* gar nicht tun möchten? Warum fällt es oft so schwer, das eigene Verhalten zu ändern? Ist es wirklich so utopisch seine eigenen Ziele zu erreichen?

Vor 15 Jahren wog ich 105 kg. Heute sind es 85 kg. Also 15 Jahre *ohne* Jo-Jo-Effekt. Aus diesen Erfahrungen ist das vorliegende Buch entstanden.

Ich möchte Ihnen versichern, dieses Buch kennt nur ein Ziel. Ihnen dabei zu helfen, dass Sie erreichen, was Sie sich wünschen.

Was Sie von diesem Buch erwarten dürfen...

o klare Informationen und genaue Anleitungen
o Wissen, warum Ernährung keine Regeln braucht
o die Grundlagen um ohne Kalorien- und Punktezählen auszukommen
o eine Methode die sich im Lauf der Zeit verstärkt
o Harmonie für Körper und Geist
o Anwendbarkeit immer und überall
o Motivation und dauerhaften Erfolg
o auf Wunsch persönliches Coaching
o einen wirksamen Lebens-Ratgeber

Möchten Sie mehr Informationen zu Seminaren oder interessieren Sie sich für ein persönliches Coaching?

Weitere Informationen finden Sie unter:

www.federleicht-abnehmen.de

Bei gesundheitlichen Problemen wenden Sie sich immer an Ihren Arzt! Dieses Buch ersetzt auf keinen Fall eine ärztliche Diagnose und/oder Behandlung, es dient ausschließlich der Information und soll weder zur Selbstdiagnose noch zur Selbstbehandlung auffordern.

Teil 1

federleicht-abnehmen

Eine faire Chance!
Einzigartigkeit
Ein Programm genau richtig, für alle die...
Für wen das Programm nicht ist
Wie das Programm entstanden ist
Was wir bekämpfen, wird stark

Wissen das stark macht

Wie Diäten funktionieren, oder eben nicht
Wie der „Siegeszug" von Diäten entstand
Tatsache ist...
Die Intelligenz des Körpers
Wenn die Intelligenz eingreift
Vom starken Willen

Urteilen Sie selbst, ...
Vergessen Sie alle Regeln und Diätvorschriften!
Eine wichtige Entscheidung
Eine zweite wichtige Entscheidung

Das Programm

Schritt für Schritt (1 – 15)
Zusammengefasst
Menschsein und Verlangen

Teil 2

federleicht-leben

Sie möchten abnehmen, aber was möchte Ihr
Unterbewusstsein?
Erfahrung wird Realität
Unser Autopilot
Abnehmen und *federleicht-leben*
Auch Sie sind genial
Die selbst erlernte Realität
Das positive Bild
Visualisierung Ihrer Positiv-Bilder
Die Meditationstechnik
Zwischendurch abnehmen
Vertrauen Sie sich
Akzeptieren Sie sich
Selbst Vertrauen
Nachtisch

federleicht-abnehmen

Teil 1

federleicht-abnehmen

Eine faire Chance!

In auffallender Regelmäßigkeit werden bessere und wirkungsvollere Diäten angeboten. Mittels Werbung werden immer neue Pulver und Pillen als Schlankmacher angepriesen. Weitere Hoffnung auf das Wunschgewicht versprechen „Punktezählen", Fitnessapps und Bücher.

Mal ehrlich. Hat eine dieser vielversprechenden Chancen Ihnen bisher zu Ihrem Wunschgewicht verholfen? Ich meine dauerhaft und für immer. Sicher nicht, oder?!

Ich kann Sie verstehen, wenn Sie gegenüber einer ehrlichen Chance, zunächst misstrauisch sind. Doch Sie werden sehen, *federleicht-abnehmen* ist wirklich fair und komplett anders.

Ich sage keineswegs, dass dieses Programm ein Selbstläufer sein wird. Es ist jedoch meine feste Überzeugung. Eine faire Chance ist es allemal.

Einzigartigkeit!

Der außerordentliche Wert von *federleicht-abnehmen* zeigt sich in der Tatsache, dass es die meist gegensätzlichen Meinungen (die des Bauches und die des Kopfes) vereint. Genau dieser Umstand macht das Programm so wirkungsvoll und nachhaltig.

Immer sind beide Teile des menschlichen Gehirns an der Entscheidung, ob wir essen etwas essen möchten oder nicht beteiligt. Ohne die gleichrangige Gewichtung von Körper, Bewusstsein und Unterbewusstsein ist ein erfolgreiches Gewichtsmanagement so gut wie ausgeschlossen.

Aus diesem Grund besteht *federleicht-abnehmen* aus zwei Teilen. Der erste Teil ist für den Körper. Der zweite beschäftigt sich mit dem Verlangen, und das entsteht meist im Kopf.

Ein Programm genau richtig, für alle die...

✓ schon mehrfach an einer Diät gescheitert sind
✓ das ungute Gefühl kennen, versagt zu haben
✓ sich von Selbstzweifel und Selbstbestrafung lösen wollen
✓ sich so annehmen möchten wie sie sind
✓ mit Spaß *federleicht-abnehmen* wollen
✓ sich für immer, weniger Gewicht wünschen
✓ nie wieder Punkte zählen oder Pillen und Pulver kaufen möchten
✓ sich Unterstützung in schwierigen Phasen wünschen und
✓ im Einklang mit sich und ihrem Körper leben wollen
✓ die sich ein Leben nach Ihren eigenen Vorstellungen erschaffen wollen

Für wen das Programm nicht ist

Federleicht-abnehmen ist nicht für die Menschen, die sowieso immer wissen warum etwas nicht funktioniert.

Und es ist nicht für Diejenigen die von vorherein ein Scheitern in Kauf nehmen, nur um dann sagen zu können, sie hätten es versucht.

Wie das Programm entstanden ist

Das Programm ist aus einem persönlichen Antrieb heraus entstanden. Ich wollte es nicht länger hinnehmen, dass Selbstbestrafung durch Überessen an der Tagesordnung war. Immer wenn ich in den Spiegel sah, sah ich Selbstablehnung und fühlte mein schlechtes Gewissen. Damals erkannte ich noch nicht, dass meine ganze Einstellung ein Kampf gegen Essen war. Wer genau hinschaut wird hier schon erkennen, dass gegen Essen zu kämpfen, nie der richtiger Ansatz sein kann. Wer will, kann gegen seine Feinde kämpfen, doch dazu gehört unser Essen ganz sicher nicht. Essen ist eine der wichtigsten Lebensgrundlagen. Deshalb sollten wir unser Essen nicht bekämpfen, Verordnungen oder Regeln unterwerfen.

Was wir bekämpfen, wird stark

Ich kann heute nicht mehr sagen wie dieser Leitsatz zu mir fand. Diese Feststellung jedoch, hat meine gesamte Einstellung gegenüber Diäten und zwanghaften Abnehm-Versuchen verändert. Es ist der Grund, weshalb dieses Programm, soweit wie möglich, ohne Regeln entstanden ist. Eine Diät und jede Vorschrift will dem Menschen und seinem Körper etwas verbieten. Ich bin überzeugt, dass es der falsche Ansatz ist, Essen durch Regeln einzuschränken. Was wir brauchen ist Ernährung ohne Gängelei.

Wir brauchen unser Essen zum leben. Genau aus diesem Grund dürfen wir es nicht bekämpfen. Aus meiner Sicht ist das die Ursache, warum Diäten am Ende immer zum Scheitern verurteilt sind.

Bedenken Sie, es gibt mittlerweile sogar eine Bezeichnung für das ständige Scheitern aller üblichen Diäten: Den Jo-Jo-Effekt.

Wissen das stark macht

Wie Diäten funktionieren, oder eben nicht

Ist Ihnen im Wald schon einmal ein übergewichtiges Reh über den Weg gelaufen? Oder haben Sie jemals einen Vogel auf einem Ast sitzen sehen, der zu dick war zum fliegen?

Rehe im Wald, Fische im Wasser, Vögel in der Luft. Sie alle ernähren sich nach einem einfachen Prinzip. Bei Hunger wird gegessen, und wenn sie satt sind, ist die Mahlzeit beendet. Ein natürliches Prinzip. So alt wie das Leben. Dieses Prinzip funktionierte bis vor wenigen Jahrzehnten auch beim Menschen.

Nur heute nicht mehr! Warum? Weil der Mensch den Kontakt zu sich und zur Natur verloren hat. Informationsflut, Ablenkung, Leistungsdruck, sowie das Streben nach Dingen von denen der Mensch annimmt, dass er sie braucht. Das alles sind Quellen der Ablenkung.

Essen und Trinken to Go, zwischen zwei hastigen Terminen, ohne Ruhe und Achtsamkeit. Unsere Essgewohnheiten haben sich total verändert.

Die Energiedichte heutiger Lebensmittel ist teilweise dreimal so hoch, wie noch vor einigen Jahrzehnten. Hatten früher 100g Lebensmittel etwa 100 kcal, so sind es heute bei 100g bis zu 300kcal (Burger). Auf der anderen Seite ist es so, dass verarbeitete Lebensmittel fast keine Nährstoffe mehr enthalten. Außerdem besitzen Sie Eigenschaften, die zum mehr essen verleiten sollen.

Industriell verarbeitete Lebensmittel werden mittels Werbung, zusätzlich angepriesen. Zeit- und Genussvorteile werden versprochen. Beworbene Lebensmittel werden durch die Industrie mit Geschmacksverstärkern und anderen Hilfsstoffen *verfeinert*. Für eine naturgegebene Kartoffel oder Gurke ist in der Werbung kein Platz.

Dem Bauch wird kaum noch Aufmerksamkeit beim Essen geschenkt. Der Kopf entscheidet heute darüber, ob wir satt sind oder nicht. Das

Mitspracherecht wurde dem Bauch entzogen. Den Kontakt zu seinen eigenen Sättigungssignalen hat der Mensch längst verloren. Das Ergebnis können Sie sehen wohin Sie schauen. Übergewicht.

Außerdem ist es für Menschen unserer Zeit kaum noch möglich, Entscheidungen „aus dem Bauch heraus" zu treffen. Studien zeigen, dabei sind gerade diese Entscheidungen oft die besseren. Und das nicht nur in Bezug aufs Essen.

Wie der „Siegeszug" von Diäten entstand

Hilfe war gefragt. Der Grundstein für *hilfreiche* Diäten und Ernährungsvorschriften war gelegt. Diäten begannen ihren unaufhaltsamen medienübergreifenden Siegeszug.

Doch, in dem Maße wie sich Menschen Diäten unterwarfen, in genau dem Maße entstanden mehr Selbstzweifel, Verwirrung und noch mehr Übergewicht. Fast immer am Ende einer Diät folgt die erneute Gewichtszunahme. Hoffnung bleibt jedes Mal einzig dadurch, dass es ja stets neue Ernährungs-Empfehlungen und die nächste, noch *wirkungsvollere* und *bessere* Diät gibt.

Tatsache ist...

Übergewicht und dessen Folgen sind heute für die Gesundheitssysteme weltweit zur finanziellen Herausforderung geworden. Übergewicht nimmt rasant zu.

Bleibt die Frage – wie erfolgreich sind Diäten und aktuelle Ernährungsvorschriften wirklich?

Die Intelligenz des Körpers

Egal welches Ziel Sie mit einer Diät verfolgen. Gewichtsverlust, Reduzierung der Kleidergröße, ein angenehmeres Spiegelbild oder was auch immer. Der Körper arbeitet stets nach seinen eigenen Regeln. Nennen Sie es innere Weisheit, unendliche Intelligenz, göttliches Prinzip oder wie Sie möchten. Der Körper funktioniert in der Regel ohne unser Zutun.

Und meist vertrauen wir ihm. Haben Sie jemals wenn Sie abends zu Bett gehen, Zweifel daran gehabt, dass ihr Körper alles weitere für Sie Regeln wird. Während Sie schlafen funktionieren Verdauung, Stoffwechsel, Kreislauf und alles andere munter weiter. Wissen Sie warum? Weil Sie Ihrem Körper einfach vertrauen. Weil Sie nicht eingreifen können, wenn Sie schlafen. Sie lassen Ihren Körper sozusagen einfach machen. Ohne ihn zu gängeln und ohne ihm Vorschriften machen zu wollen.

Doch am Tag, da möchten wir unserem Körper Vorschriften machen. Da glauben wir Hochglanzzeitungen und möchten dem Körper vorgeben, was gut für Ihn ist. Mit Diäten möchten wir über die körpereigene Intelligenz hinweg entscheiden. Diäten schreiben vor, was er benötigen sollte und wie viel.

Wenn Intelligenz eingreift

Durch den erzeugten Mangel an Nahrung und Nährstoffen, fühlt sich der Körper in die Zeiten zurückversetzt, als die Nahrungsmittelversorgung für die Menschen noch nicht regelmäßig gesichert war.

Die körpereigene Intelligenz wird aktiv. Der Körper verringert den Stoffwechsel um fehlende Energie einzusparen. Der Appetit auf Essen wird unweigerlich verstärkt. Heißhungerattacken entstehen - aus Sicht des Körpers sind diese gewollt. Dadurch versucht der Körper Sie mit all seiner Macht dazu zu bringen, wieder mehr Nahrung aufzunehmen.

Früher oder später wird der Mensch dem inneren Verlangen nachgeben und auch der Heißhunger wird gleichzeitig gestillt. Oft verbunden mit einem Überessen.

Und Diäten schaden noch mehr! Der Körper hat den - durch die Diät verursachten - Nahrungsmangel noch nicht vergessen. Für ihn ist die Bedrohung weiterhin existent. Bekommt er jetzt wieder mehr Nahrung, wird er aus jeder überzähligen Kalorie Reserven anlegen. Die bekannten Problemzonen entstehen.

Da der Stoffwechsel des Körpers zur Energieeinsparung reduziert wurde, ist jetzt auch sein Grundumsatz geringer. Das Anlegen von Reserven, also der ungeliebten „Pölsterchen", geht jetzt umso schneller. Der gefürchtete Jo-Jo-Effekt zeigt sich wieder einmal auf der Waage und im Spiegel.

Vom starken Willen

Mit unserem Willen können wir körperliche Abläufe nur bis zu einem gewissen Punkt beherrschen. Fühlt sich der Körper in seinem Dasein zu stark bedroht, wird er eingreifen. Das ist eine völlig natürliche Reaktion. Fühlt er sich bedroht, wird er alles daran setzen, sich zu schützen.

Ein Beispiel: Versuchen Sie die Luft für, sagen wir 3 Minuten anzuhalten. Unter Aufwendung Ihres ganzen Willens, schaffen Sie's vielleicht für 1 Minute. Oder auch etwas mehr. Was wenn Ihnen jetzt schwindlig wird? Spätestens hier übernimmt der Selbsterhaltungstrieb Ihres Körpers das Kommando. Die Intelligenz Ihres eigenen Körpers greift ein, bevor organischer oder geistiger Schaden entstehen kann. Genauso reagiert der Körper bei Nahrungsentzug. Sie werden wieder essen, ob Sie wollen oder nicht.

Die Nachteile im mentalen Bereich sind aber noch gravierender. Das Scheitern wird meist als schwacher Wille der Betroffenen empfunden. Minderwertigkeitsgefühle, Selbstzweifel und

Selbstbestrafung ist davon die Folge. Letztlich soll Überessen, als Form der Selbstbestrafung, aufkommende negative Gefühle beseitigen.

Auf Grund seiner gemachten Erfahrungen fürchtet sich Ihr Körper jetzt, vor einem sich wiederholendem Nahrungsmangel. Zum Schutz davor, zieht er noch einen weiteren Trumpf aus dem Ärmel. Er wird Sie dazu bringen, dass Sie sich weniger bewegen. Damit beugt er einem erneuten Mangel an Energie vor.

federleicht-abnehmen

Urteilen Sie selbst, ...

Mit aller Macht abzunehmen, wird *nicht* Ihr Hauptziel sein in den nächsten Wochen. Stellen sie das Abnehmen erst einmal hinten an. Bitte. Sie tun sich einen Gefallen damit.

Zunächst braucht Ihr Körper wieder Vertrauen, dass er zu essen bekommt, was er braucht. Sie können sich darauf verlassen, Ihr Körper wird Ihnen genau mitteilen, was er benötigt. Lernen Sie als erstes, die Signale Ihres Körpers wieder wahrzunehmen.

In dem Maße, wie Sie Ihren Körper beim Essen Beachtung schenken und seine Bedürfnisse wahrnehmen, in genau dem Maße werden Sie weniger essen und in der Folge abnehmen.

Der wichtigste Grundsatz des Programms ist einfach und sehr schlicht. Doch er ist die Basis um *federleicht-abnehmen* zu können. Er lautet:

Vergessen Sie alle Regeln und Diätvorschriften!

Wirklich alle. Vergessen Sie alles, was Sie je über Ernährung gehört, gelesen und gelernt haben.
Sollten Sie erst einmal zweifeln, dann gestatten Sie die Frage: Welche Lebensmittel und Diätregeln sind denn gegenwärtig überhaupt *die Richtigen*?

Überlegen Sie selbst, wie schnell Lebensmittel heutzutage, von „guten" zu „schlechten" Lebensmitteln werden, und umgekehrt. Was heute gut ist, ist es morgen schon nicht mehr. Denken Sie an Milch, Fett, Eier oder was auch immer. Mal sind sie gesund und bald schon nicht mehr. Mal essen wir zu viel und mal zu wenig, mal zu spät und mal zu oft.

Wer immer versucht Ratgebern und Diäten zu folgen, wird auf Dauer nicht zufrieden sein können. Weder mit sich, noch mit seinem Gewicht! Vermeintliches Wissen aus Medien ist keine brauchbare Hilfe. Es erzeugt letztlich nur Verwirrung. Im Endeffekt, wird jeder Bissen den wir zu uns nehmen, von Zweifeln begleitet. Darf ich dieses oder jenes, jetzt überhaupt essen?

27

Eine wichtige Entscheidung

Zunächst einmal ist Ihre Entscheidung, ob Sie auch in der Zukunft Medien und Ratgebern vertrauen möchten. Oder ganz einfach – und für immer – den Bedürfnissen Ihres Körpers.

Denken Sie an alle Tiere die in Freiheit leben. Die haben nur ihren Körper. Genau aus diesem Grund kennen Tiere kein Übergewicht. Fällt Ihnen doch ein dickes Tier ein? Vermutlich ist da ein Mensch in der Nähe...

Haben Sie noch Zweifel ob es überhaupt möglich ist, sich ohne Diäten und Gängeleien zu ernähren? Seien Sie beruhigt, das ist völlig normal. Machen Sie entschlossen den ersten Schritt in Richtung geistige Klarheit. Sie werden sehen echte Eigenständigkeit beim Essen ist machbar.

Nur was Sie selbst probiert haben, können Sie auch selbst beurteilen. Ich lade Sie herzlich ein.

Eine zweite wichtige Entscheidung

Könnten Sie sich vorstellen, den Zeitpunkt an dem Sie mit dem Abnehmen beginnen wollen, in die Zukunft zu verlegen? Zum Beispiel können Sie sich dazu entschließen, erst nach einem für Sie besonderem Termin mit dem Abnehmen zu beginnen. Nehmen wir an, das wäre ein Datum in fünf Wochen. Bis zu diesem Zeitpunkt könnten Sie dann weiter essen, wie gewohnt. Ja, Sie müssten dann sogar so weiter essen, wie Sie es bisher gewohnt waren.

Warum das Ganze? In dieser Zeit werden Sie Ihre Aufmerksamkeit in einem ganz besonderen Maß schulen. Sie werden wahrnehmen, dass viel essen nicht immer Spaß macht. Vermutlich wird sich dadurch Ihre Motivation, endlich abnehmen zu können, verstärken. Sie werden darauf warten, endlich klar Schiff mit Ihrem inneren Kind und seinem Verlagen, machen zu können.

In diesen Tagen oder Wochen der Vorbereitung werden Sie sich nur beobachten. Beobachten Sie sich, Ihre Gefühle und Gedanken. Aber essen Sie dieselbe Menge wie bisher. Auch wenn Sie sich dabei nicht immer wohlfühlen werden.

Wenn Sie sich dazu entscheiden, zu einem späteren Termin beginnen zu wollen, dann legen Sie das Buch jetzt bitte zur Seite. Nehmen Sie es erst wieder, zu dem von Ihnen festgelegten Termin zur Hand.

Zur Stärkung Ihres Wissens und Ihrer Motivation könnten Sie es selbstverständlich noch einmal lesen. Aber bitte wieder nur wieder bis zu dieser Stelle und nicht weiter.

Das Programm

Egal wie Sie sich entschieden hatten oder haben, willkommen zum Programm von *federleicht-abnehmen*

Schritt für Schritt

1) Akzeptieren Sie die Tatsache, dass Sie ab sofort essen dürfen was Sie möchten. Eine unabhängige Ernährung wird Ihnen in Zukunft damit leichter fallen.

Verbannen Sie Regeln und Vorschriften aus Ihrer Ernährung. Lassen Sie sich nicht weiter flüchtige Regeln diktieren. Ihr Körper wird Sie genau wissen lassen, was er braucht

2) Haben Sie vielleicht eine Regel im Hinterkopf, die Ihnen das Essen zu bestimmten Uhrzeiten verbietet? Oder eine Regel die besagt, dass Sie abends keine Kohlenhydrate essen sollen?

Egal welche Ernährungsvorschriften Sie mit sich herumtragen. Bedenken Sie, Regeln und

Vorschriften ändern sich immer wieder. Nur Ihr Bauchgefühl ist immer echt. Deshalb, kehren Sie zurück in Ihre eigene Mitte und stellen Sie den Kontakt zu Ihrem Bauch wieder her. Dazu eine Übung:

Übung

Legen Sie sich bequem hin. Nehmen Sie sich die Zeit die Sie brauchen, entspannen Sie sich. Für die nachfolgenden Übungen gibt es keine Zeitvorgabe.

o Beobachten Sie zunächst, wie sich Ihre Bauchdecke hebt und senkt. Entspannen Sie die Muskulatur im ganzen Körper. Die Hände liegen locker rechts und links neben Ihrem Körper. Nehmen Sie sich die Zeit, die Sie möchten für die Übung.

o Können Sie Ihren Magen jetzt spüren? Können Sie möglicherweise fühlen wie voll Ihr Bauch bzw. Magen im Moment ist? Sind es 10%, 50% oder vielleicht 100%. Versuchen Sie es für sich zu benennen. Wenn Sie bei den ersten Versuchen noch keinen spürbaren Kontakt finden. Es ist egal. Bleiben Sie einfach dran. Kommt Zeit, kommt Erfolg.

o Spannen Sie nun Ihre Bauchmuskulatur für einige Sekunden leicht an indem Sie dazu Ihren Oberkörper minimal anheben. Lassen Sie dann wieder locker. Spüren Sie jetzt der Entspannung Ihrer Bauchmuskeln für einige Zeit nach.

o Legen Sie jetzt die Hände auf den Bauch. Lassen Sie sich Zeit für die Übung. Können Sie die Wärme Ihrer Hände (auch durch die Kleidung) auf Ihrer Bauchdecke spüren? Bleibt die Temperatur unter Ihren Händen konstant oder erhöht sie sich? Bleiben Sie einfach ruhig liegen und spüren Sie nur.

o Legen Sie nun eine Hand wahlweise auf die rechte oder linke Niere. Lassen Sie die andere Hand weiter auf Ihrem Bauch liegen. Spüren Sie die Wärme die von den Händen an Bauch und Niere abgegeben wird. Beobachten Sie wie sich Ihr Bauch ausdehnt und zusammen zieht.

o Abschließend richten Sie die Aufmerksamkeit auf den Bereich zwischen Ihren beiden Händen. Spüren Sie die Wärme hier. Spüren Sie jetzt Ihren Bauch, der sich zwischen den beiden Händen befindet.

Machen Sie die Übungen regelmäßig.

3) Schützen Sie sich vor Heißhungerattacken und essen Sie aller 2-3 Stunden. Selbst wenn Sie noch keinen Hunger spüren, essen Sie etwas. Eine Kleinigkeit ist ausreichend. Zum Beispiel eine Banane, eine Scheibe Knäckebrot oder eine Hand voll Nüsse.

Es gibt Regeln die besagen, 2-3 Mahlzeiten am Tag, sind besser als mehrere kleine. Eine andere Klugheit lautet, eine Mahlzeit am Tag auszulassen spart Kalorien. Eine Frage: Was haben Sie gekonnt, wenn Sie durch derartige Reglementierungen, andauernd Heißhungerattacken unterliegen?

Weil es so wichtig ist: Sie dürfen essen was Sie wollen. Wann Sie wollen. So viel Sie wollen.

Keine Regel kann Ihnen vorschreiben wann Sie essen dürfen. Einzig Ihr Bauch sollte das entscheiden. Sie sind der wichtigste Mensch in Ihrem Leben, also überlassen Sie sich selbst die Entscheidung, wann Sie essen.

Gerade zu Beginn werden Sie die Signale Ihres Körpers noch nicht wieder wahrnehmen können. Halten Sie sich deshalb zunächst an den 2-3 Stunden Zeitspanne.

4) Achtsamkeit ist die Grundlage für die Veränderung des Essverhaltens. Versuchen Sie zukünftig keinen einzigen Bissen mehr unbemerkt zu sich zu nehmen.

Eine Übung um Achtsamkeit zu trainieren ist, nach jedem Bissen das Essen (oder das Besteck) aus der Hand zu legen. Bewusstes Innehalten ist sehr effektiv. Sie bieten Ihrem Gehirn damit die Möglichkeit, neu auf alte Gewohnheiten zu reagieren.

Gerade am Anfang, wird es passieren dass Sie essen, ohne sich dessen bewusst zu sein. Machen Sie sich deswegen keinen Vorwurf. Geben Sie sich selbst das Versprechen, es immer wieder zu versuchen. Bleiben Sie dran und beginnen Sie immer wieder von vorn.

Bewerten Sie jeden Moment, indem Sie sich des Essens bewusst sind, als Erfolg. Je größer Ihre Achtsamkeit, desto kleiner werden die Portionen.

5) Gefühlt sind Sie satt. Doch Sie spüren zügelloses Verlangen weiter zu essen? Nehmen Sie diese Tatsache zunächst einmal an. Machen Sie sich deshalb keine Vorwürfe. Schließlich haben Sie sich das Verlangen nicht ausgesucht. Verlangen ist ganz einfach auch ein Teil von uns Menschen. Versuchen Sie doch einmal die Gier anzunehmen.

Setzen Sie sich dazu in einen Sessel, stellen Sie sich Ihren Kurzzeit-Wecker (die Zeit bestimmen Sie) und dann nehmen Sie an was immer da ist. Bedenken Sie, Sie sind Mensch und zum Menschsein gehören auch negative Gefühle. Wir können uns Gefühle nicht aussuchen. Kein Mensch, niemand. Also tauchen Sie ein und söhnen Sie sich mit Ihren *ungewollten* Gefühlen aus.

Was spricht gegen einen Versuch mit Verlangen und Gier in Zukunft mal anders umzugehen?

6) Stellen Sie sich vor dem (Weiter)Essen einmal die Frage: Was wird aus meinem Verlangen, wenn ich noch eine halbe Tafel Schokolade oder noch eine Tüte Chips gegessen habe? Werden das Verlangen oder die Gier dann weg sein? Oder leide ich dann wieder, unter einer erneut zu treffenden Entscheidung – Höre ich jetzt auf oder esse ich weiter?

Jedes Mal wenn Sie mit dem Verlangen ringen, stehen Sie aufs Neue an einer Kreuzung. Gehen Sie diesmal den Weg, den Sie sich in Ihrem tiefsten Inneren wünschen? Oder gehen Sie wieder den Weg der zunächst als der leichtere erscheint? Der Weg, der jedoch immer wieder in der Hölle endet.

Ein erster Erfolg ist es, wenn Sie 60 Sekunden auf eine Uhr schauen und dabei das Essen einstellen. 1 Minute gelingt Ihnen sicher, oder? Machen Sie durch diese Übung im Lauf der Zeit die Erfahrung – ja, ich habe Kontrolle über mein eigenes Verhalten.

Bauen Sie die Zeitspanne immer weiter aus. Erweitern Sie Essenspausen von Sekunden bis hin zu Minuten. Trainieren Sie das bei jedem Essen. Dieses Vorgehen schult die Achtsamkeit. Sie werden schon bald sehen „Achtsamkeit verzehrt Gewicht".

7) Sie sind der wichtigste Mensch in Ihrem Leben! Machen Sie sich keine Vorwürfe, wenn Sie zurzeit noch nicht das Gewicht haben, dass Sie sich wünschen. Versuchen Sie als erstes, sich so anzunehmen wie Sie sind.

Erinnern Sie sich noch? Übergewicht ist zumeist nicht das Verschulden der betroffenen Person. Der Wille eines Menschen kann nicht stärker sein, wie die Kraft die seinen Körper schützt.

Erwarten Sie am Anfang keinen sofortigen Gewichtsverlust. Machen Sie sich neues Verhalten schrittweise zur Gewohnheit. Ein erster Schritt ist, den Grundsatz „Ich kann essen was ich will" zu verinnerlichen.

Sich selbst zu akzeptieren, ist erst einmal viel wichtiger, als das „Idealgewicht" zu erreichen. Vertrauen Sie sich und der Zeit. Sie werden das Gewicht erreichen, mit dem Sie sich wohlfühlen.

8) Sie sind überzeugt, Sie sollten weniger wiegen, tun es aber nicht. Dann wird Sie nicht der Umstand quälen, dass Sie zu viel wiegen. Übergewicht an sich, tut ja erst einmal nicht weh. Was Qual verursacht ist die Tatsache, dass Sie das was ist, das Übergewicht, nicht annehmen wollen.

Verschließen Sie die Augen nicht vor einer bestehenden Tatsache. Sparen Sie sich die Energie, die Sie für die Abwehr brauchen. Setzen Sie diese Energie zur Lösungsfindung ein. Das bedeutet nicht, dass wir uns der Situation unterwerfen. Wir nehmen unser Körpergewicht nur an, wie es sich im Moment darstellt. (→Lieben was ist - Byron Katie, ISBN 978-3442342266) Mit der gesparten Energie findet sich eine Lösung besser.

9) Machen Sie sich keine Vorwürfe, wenn Sie wieder einmal mehr gegessen haben, wie Sie wollten. Das kommt vor und ist normal. Ihr Körper wird jede einzelne Fettzelle mit seiner ganzen Intelligenz verteidigen. Er sieht sich bzw. sein Überleben bedroht.

Zwei Schritte vor und einen zurück. Ist das normal? Ja. Das Programm von *federleicht-abnehmen* ist keine Ruck-Zuck-Bikini-Blitz-Diät mit dem gewöhnlich darauf folgenden Jo-Jo-Effekt. Nehmen Sie sich die Zeit, um den Energieverbrauch Ihres Körpers allmählich abzusenken. Dadurch wird sich das Vertrauen Ihres Körpers in eine gesicherte Energieversorgung wieder entwickeln.

10) Verbieten Sie sich nie ein Lebensmittel auf das Sie Appetit haben. Essen Sie immer wonach Ihnen ist. Es ist Ihr Körper der dieses Lebensmittel möchte.

Verzehren Sie Lebensmittel von denen Sie wissen, dass diese ein starkes Verlangen erzeugen, nur in geringen Mengen. Oder gar nicht. Vorsicht ist bei allen industriell verarbeiteten Lebensmitteln geboten. Oft sind diese mit Zucker, Salz,

Natriumglutamat und anderen „Lockstoffen" versehen. Verwenden Sie möglichst naturbelassene Nahrungsmittel.

11) Erkennen Sie an, das Sie eventuell andere Dinge essen mögen, wie bisher. Es ist ein Zeichen dafür, dass Sie Ihrem Körper wieder die Entscheidung überlassen was er möchte.

12) Wenn Ihnen danach ist, bewegen Sie sich (wieder). Zwingen Sie sich zu nichts. Wichtig ist der Spaß an der Sache. Wenn Sie möchten, machen Sie morgens einige Sprünge mit Seil, boxen in die Luft, gehen Spazieren oder tanzen einfach mit sich selbst. So oder so, egal was Sie auch tun, denken Sie an den Spaß.

Am Morgen etwas Bewegung regt den Stoffwechsel für den Tag an. Beispielsweise sind 5 x Armkreisen am Morgen etwa 1800 Umdrehungen pro Jahr. 1800 Umdrehungen im Jahr verbrennen einige Kalorien und erzeugen nebenbei auch Stolz. Stolz auf sich und das ist es was zählt.

13) Eine weitere Möglichkeit den Stoffwechsel anzuregen, ist die Atmung. Der Einfluss der Atmung auf den Stoffwechsel wird meist unterschätzt. Tatsächlich atmen die allermeisten Menschen zu flach, während das Ausatmen vernachlässigt wird. Dazu eine Übung:

Bei der folgenden Übung empfiehlt sich die Einatmung durch die Nase, der Mund ist beim Einatmen geschlossen. Das Ausatmen erfolgt durch den Mund. Nicht während der Schwangerschaft durchführen!

o Setzen Sie sich aufrecht auf einen Stuhl. Lassen Sie die Schultern entspannt hängen. Atmen Sie zunächst normal ein und aus. Kommen Sie zur Ruhe.

o Am Ende des Ausatmens – wenn das Ausatmen für gewöhnlich abgeschlossen ist – ziehen Sie die Bauchmuskulatur weiter ein. Soweit bis keine Luft mehr kommt und es Ihnen noch angenehm ist.

o Entspannen Sie nun Ihre Bauchmuskulatur und lassen Sie das Einatmen sozusagen dadurch geschehen. Atmen Sie normal ein, soweit wie Ihre Bauchmuskeln das vorgeben.

o Atmen Sie nicht schneller oder langsamer als sonst. Zu Beginn ist es möglich, dass Ihnen schwindlig wird. Dann beenden Sie die Übung fürs erste.

Sollten Sie während der Übung Geräusche im Bauch wahrnehmen, keine Sorge. Geräusche sind lediglich Zeichen für den angeregten Stoffwechsel. Die Übung empfiehlt sich jeden Morgen. Bitte nicht vor dem zu Bett gehen. Dazu eine Übung:

Die Übung kann im Sitzen, Stehen oder Laufen angewendet werden. Nicht während der Schwangerschaft durchführen!

o Das Ein- und Ausatmen geschieht durch die Nase. Den Mund während der gesamten Übung geschlossen halten.

o Ausatmen: Ziehen Sie die Bauchdecke möglichst schnell und kräftig ein. Der Atem wird dabei durch die Nase nach Außen gestoßen.

o Das Einatmen lassen Sie selbstständig wieder geschehen. Dazu die Bauchdecke einfach locker lassen und die Entspannung beobachten.

Zu Beginn Ihrer Übungspraxis ist es möglich, dass Ihnen schwindlig wird. Setzen Sie sich dann und beenden Sie die Übung fürs erste.

Die Übung regt den Stoffwechsel an und aktiviert ganzheitlich. Gleichzeitig stärkt sie die Bauchmuskulatur. (→ Stichworte zur Netzsuche: Kapalabhati, Pranayama, Anna Trökes)

14) Reichlich trinken (Wasser) und Stress möglichst vermeiden, sind weitere Faktoren die den Stoffwechsel günstig beeinflussen.

Zur Anregung des Stoffwechsels können Sie Wasser mit Apfelessig trinken. Neben der Stoffwechsel fördernden Wirkung hat Apfelessig viele weitere positive Eigenschaften. (→ Stichworte zur Netzsuche: Apfelessig, Wirkung, Stoffwechsel)

15) Die Ureinwohner Perus sind überzeugt Kakao hemmt das Verlangen nach übermäßigem Essen. Gleichzeitig regen Kakaobohnen den Stoffwechsel an und liefern extra Sauerstoff fürs Gehirn. Dazu ein Rezept:

Am besten verwenden Sie Kakaobohnen in Rohkost-Bio-Qualität dazu.

o Schälen Sie die Bohnen

o Mörsern Sie Bohnen zu Brei (strengt an, verbrennt Kalorien☺)

o Geben Sie 2-3 Teelöffel in eine Tasse

o Übergießen Sie das Pulver mit kochendem Wasser

Wer mag, für den eignen sich Kakaobohnen als gesunde Nascherei. Probieren Sie es aus, mit oder ohne Schale.

Zusammengefasst

Wenn Sie möchten, machen Sie sich eigene kurze Stichpunkte der Zusammenfassung. So haben Sie diese immer greifbar, wenn es nötig ist.

o Nehmen Sie Ihr Verlangen an! Es ist normal.

o Essen Sie am Anfang des Programmes vorbeugend aller 2-3 Stunden.

o Wenn Sie quälendes Verlangen spüren, dann essen Sie zunächst.

o Sobald es Ihnen möglich ist, schwenken Sie auf Achtsamkeit um, während Sie essen.

o Schauen Sie dann zB: Was essen Sie gerade? Wie schnell essen Sie? Welche Temperatur hat das was Sie gerade essen?

o Achten Sie immer auf Ihre Bauchsignale. Es ist als ob Sie ein Instrument spielen lernen. Übung macht auch hier den/die Meister/in.

o Machen Sie beim Essen Pausen. Gerade in den Pausen, lässt sich der Bauch besonders gut spüren.

o Legen Sie das Essen nach jedem Bissen weg. Sie haben es vergessen? Egal, üben Sie wieder und wieder.

o Welcher Teil Ihrer Persönlichkeit drängt Sie zu essen? Üben Sie sich darin, Ihre Persönlichkeitsanteile auseinander zu halten. Lesen Sie mehr dazu im Abschnitt „Menschsein und Verlangen"

o Ist es Ihr fürsorglicher Erwachsener, oder ist es das widerwillige Kind?

o Beobachten Sie die Argumente Ihres inneren Kindes. Diese Argumente sind immer auf kurzfristige Befriedigung ausgerichtet.

o Sollten Sie wirklich dem Drängen Ihres Kindes nachgeben und noch dieses kleine Stück essen? Ist es wirklich das, was Sie wollen?

o Denken Sie daran. Sie müssen lernen konsequent NEIN zu Ihrem inneren Kind zu sagen.

o Überzeugen Sie Ihren gierigen Teil, im inneren Dialog, von den Vorteilen eines vorübergehenden Verzichts.

o Fühlen Sie Ihren Stolz und das sich verstärkende Selbstvertrauen, wenn Ihr erwachsener Teil sich standhaft durchsetzt.

o Ballaststoff haltige Lebensmittel erzeugen eher Sättigungsgefühle. Achten Sie beim Einkauf auf einen Ballaststoffgehalt von 10% und mehr.

o Ziehen Sie das Essen bewusst in die Länge. Nach 20 oder 30 Minuten werden Sie das Sättigungsgefühl besser wahrnehmen.

o Üben Sie sich darin, die Mahlzeiten in die Länge zu ziehen.

o Industriell verarbeitete Lebensmittel sind meist mit „Ich-kann-nicht-aufhören-zu-essen" Zutaten verarbeitet worden.

o Essen Sie wann immer möglich, unverarbeitete Lebensmittel, wenig Zucker, wenig Salz. Sie schwächen damit Ihr Verlangen.

Menschsein und Verlangen

Stellen wir uns vor, es ist Samstagabend 20.oo Uhr. Eine halbe Tüte Chips liegt noch offen auf dem Tisch. Im Inneren brodelt wiedermal der gewohnte Kampf. Soll ich die noch aufessen oder soll ich nicht? Ein Teil von uns möchte alle Chips aufessen. Am liebsten auf einmal. Der andere Teil von uns ist genau genommen satt. Aber genau dieser Teil ist meist zu schwach und zu leise um sich durchzusetzen.

Um eine Möglichkeit zu haben, sich beim Essen selber beobachten und beeinflussen zu können, soll die vereinfachte Darstellung des Dialogs in unserem Geist ausreichend sein.

Der Einfachheit halber bezeichnen wir den einen Teil in uns als den Erwachsenen Teil und den anderen Teil als das Kind. Das Kind in uns ist vergleichbar mit einem ungehorsamen Kind im Kassenbereich des Supermarktes. Es ist verlangend und kennt kein genug. Ist immer gierig und nur schwer zu erziehen.

Die hilfreiche Stimme in uns ist der erwachsene Teil. Der Erwachsene weiß immer was gut und richtig für uns ist.

Ihr Ziel besteht fürs erste darin, diese beiden Stimmen wahrzunehmen. Mit welchen Einwänden spricht Ihr inneres Kind? Sie werden bemerken, die Argumentation des Kindes ist immer auf den Moment ausgelegt. Das innere Kind wünscht sich ständig Genuss, und das möglichst sofort. Genuss ohne Rücksicht auf Verluste. Es schert sich nicht um Ihre Gesundheit und schon gar nicht um Ihre Wünsche. Besonders gefährlich machen diese Argumente solche Gedanken wie: nur noch dieses kleine Stück, nur noch heute, das bisschen ist nicht so schlimm, ab morgen…

Im Gegensatz dazu steht der Erwachsene Teil in Ihnen für dauerhaftes Wohlgefühl. Die Argumente Ihres kindlichen Teils dagegen sind immer auf das Jetzt ausgelegt.

Gelingt es Ihnen beide Stimmen zu identifizieren und zwischen ihnen zu vermitteln sind Sie auf einem guten Weg. Begeben Sie sich dazu in die

Position Ihres erwachsenen Ichs. Machen Sie sich klar, der lautere Teil in Ihnen ist das gierige Kind. Genau dieser Teil von Ihnen hatte bisher bei Essensentscheidungen das Sagen. Also ist es an der Zeit, für ein Machtwort des Erwachsenen.

Nicht jeder Tag ist gleich gut geeignet um sich mit dem Kind im Inneren auseinander zu setzen. Hatten Sie eher einen anstrengenden Tag verschieben Sie den inneren „Erziehungsdialog" vielleicht auf einen anderen Zeitpunkt. Ein späterer Termin kann auch hier hilfreich sein, da Sie sich darauf innerlich vorbereiten können.

Heute soll es soweit sein? Dann ziehen Sie es durch. Heute können Sie einen ersten riesigen Schritt zu mehr Kontrolle beim Essen machen.
Je häufiger Sie die Einwände Ihres Kindes in der nächsten Zeit wahrnehmen und mit vernünftiger Argumentation entkräften, desto stärker wird Ihr Erwachsenes-Ich. An dem Tag wo sich Ihr innerer Erwachsener ein erstes Mal gegenüber der Gier des inneren Kindes durchsetzt, werden Sie Zuversicht und ein starkes Selbstvertrauen in sich spüren. Dann haben Sie den ersten Schritt hin zu

Ihrem Wunschgewicht und zu wirklicher persönlicher Freiheit und Stärke gemacht.

Wer sich intensiver mit den verschiedenen Teilen menschlicher Psyche vertraut machen möchte, kann sich zB. mit dem Drei-Instanzen-Modell nach Sigmund Freud beschäftigen (→ Stichworte Wikipedia: Freud, Strukturmodell Psyche) und auch, (→ John Elliot Bradshaw, Inneres Kind)

Wer das liest könnte auf die Idee kommen, dass der kindliche Aspekt im Menschen hinderlich ist. Weit gefehlt, das ist nicht richtig. Menschliches Verhalten, also besonders unser Verlangen, ist oft in unseren jüngsten Tagen entstanden. In dieser Zeit waren wir alle tatsächlich von anderen abhängig. Vermutlich entwickeln Menschen in dieser Zeit das Verlangen nach mehr. Ist es nicht verständlich, dass Kleinkinder lieber etwas mehr wollen, vor allem wenn Sie spüren, dass Sie stets jemanden brauchen der Sie versorgt.

Diese tief im Unterbewusstsein gesammelten Erfahrungen machen es uns so schwer, mit weniger auszukommen. Es braucht Zeit, Zeit in der Ihr Körper das Vertrauen gewinnt, dass er sich heute, wann immer er möchte, selbst versorgen kann. Im zweiten Teil von *federleicht-abnehmen* erfahren Sie mehr über die Stärke Ihres Unterbewusstseins.

Es gibt kein Genug bei Genuss und Freude. Dieser Satz wird auf Buddha zurückgeführt. Folglich ist diese Erkenntnis schon etwa 2500 Jahre alt. Auf den Punkt gebracht hatten Menschen schon in dieser Zeit eins erkannt: Nehmen Sie das Verlangen an!

Verlagen annehmen bedeutet, haben Sie Verständnis für Ihre Hungerattacken. Diese werden zu Beginn immer wieder auftreten. Ihr Körper verteidigt seine Fettzellen mit all seiner Macht. Und jede Diät die Sie ihrem Körper bisher zugemutet haben, hat seine Furcht vor einem Nahrungsmangel nur weiter verstärkt.

Gehen Sie ihren Weg langsam aber unbeirrt. Verzeihen Sie sich, auch wenn es mal zwei Schritte vor geht und dann wieder einen zurück. Ihr Verlangen wird nur in dem Maß weniger werden, wie Ihr Körper das Vertrauen in eine gesicherte Nahrungszufuhr wieder gewinnt.

Teil 2

federleicht leben

Sie möchten abnehmen, aber was möchte Ihr Unterbewusstsein?

Den zweiten Teil von *federleicht-abnehmen* möchte ich mit einigen Fragen beginnen. Diese Fragen sollen vermitteln welchen Einfluss unser Unterbewusstsein auf unser gesamtes Verhalten hat.

Liegt das Buch das Sie jetzt lesen, vor Ihnen auf dem Tisch, oder halten Sie es in den Händen? Haben Sie sich etwas zu trinken geholt oder nicht?
Überlegen Sie wirklich. Welche Ihrer heutigen Entscheidungen haben Sie bewusst getroffen? Also nach dem Prinzip – lasse ich das Buch auf dem Tisch liegen oder nehme ich es in die Hand. Hole ich mir etwas zu trinken oder nicht.

Worauf möchte ich hinaus?

Wir treffen täglich eine Vielzahl von Entscheidungen. Da ist es ungeheuer wichtig zu erkennen, dass wir die meisten dieser täglichen Entscheidungen unbewusst treffen. Und wissen Sie was? Mit der Summe dieser Entscheidungen erschaffen wir dann unser Leben. Und unser Körpergewicht.

Erfahrung wird Realität

Nehmen wir einmal folgendes an. Als Säugling wurden Sie von Ihrer Mutter immer geherzt wenn Sie Ihr Fläschchen restlos leer getrunken haben. In Ihnen kann dadurch die Überzeugung entstanden sein – immer wenn ich mein Fläschchen leer trinke, mögen mich andere. Im übertriebenen Fall könnte in Ihnen auch der folgende Glaubenssatz entstanden sein – immer wenn ich alles aufesse, dann bin ich ein guter Mensch. Und ich bekomme auch wider zu essen.

Ob diese Überzeugungen richtig waren oder sind, konnten wir damals noch nicht überprüfen. Wir haben diese ungeprüft und vor allem als richtige Überzeugungen im Unterbewusstsein abgelegt. Bedenken Sie bitte, dass diese Überzeugungen und Glaubenssätze dem betreffenden selbst oft gar nicht bewusst sind. Diese Glaubenssätze werden also bereits im Säuglings- oder frühen Kindesalter als Tatsache erkannt und im Unterbewusstsein abgelegt.

Diese stellen dann für die meisten unserer Entscheidungen die Grundlage unserer Handlungen dar. Ihr Unterbewusstsein wird auch versuchen, Ihnen die Vorstellungen die Sie von sich selbst im frühen Kindesalter gewonnen haben, zu erfüllen. Und das selbst dann, wenn diese nicht besonders vorteilhaft für Sie ausfallen sollten.

Das Unterbewusste verfolgt immer nur ein einziges Ziel, das Sie genau das bekommen, wovon Sie tief im Inneren überzeugt sind. Ob diese Überzeugungen und hilfreich für Sie sind oder nicht, ist dem Unterbewusstsein dabei egal. Wie gesagt, es bewertet nicht.

Unser Autopilot

Wenn auch Sie von Ihrem „Autopilot" dahin geführt wurden diesen Text hier zu lesen, dann zeigt es eins ganz deutlich! Viele unserer Handlungen folgen einem instinktiven Plan.

Vielleicht überkommt Sie jetzt das ungute Gefühl, Sie hätten keinen Einfluss auf Ihr Leben, weil geschätzte 99% der Entscheidungen eines Tages, ohne unser bewusstes Zutun geschehen. In gewisser Weise ist es so. Niemand weiß in seinem täglichen Tun genau, was er wo in Kürze als nächstes tun wird. Sicher, wir alle haben einen groben Plan. Wir möchten beispielsweise zum Bäcker Brötchen holen. Jedoch laufen die genauen Handlungsdetails dabei meist unbeaufsichtigt ab. Wo sind die Autoschlüssel? Habe ich die Tür abgeschlossen? Ist noch Milch im Haus? All diese Abläufe und Handlungen werden in der Regel vom Unterbewusstsein gesteuert. Das Unterbewusstsein folgt dabei stets diesem zugrunde liegenden Plan oder besser, Lebensplan. Angelegt wurde dieser Lebensplan von jedem einzelnen, meist ohne dessen bewusstes zutun, in frühester Kindheit. Damalige

Erlebnisse und die daraus gezogenen Erfahrungen wurden schlicht als Tatsachen übernommen und ungeprüft im Unterbewusstsein abgelegt.

Ist dieser Plan vom Leben den Sie in Ihren ersten Lebenstagen von sich selbst und der Welt gezeichnet haben, eher schlecht, dann werden Sie Ihr Leben auch immer wieder so erfahren. *Federleicht-abnehmen* zeigt Ihnen wie Sie Ihrem Unterbewusstsein eine Kurskorrektur vermitteln können.

Abnehmen und *federleicht-leben*

Wenn Sie sich dazu entschließen den Führerschein zu machen und Autofahren zu lernen, müssen Sie zu Anfang sehr genau aufpassen und die einzelnen Bewegungsabläufe immer wieder bewusst trainieren. Je mehr Übung Sie aber haben, desto automatischer laufen die Arbeitsschritte ab. Etwa Ihre Absicht die Kupplung zu treten, wird als sich wiederholende Tätigkeit erkannt und bald schon von Ihrem Unterbewusstsein übernommen und ausgeführt. Das geschieht weil Ihr Unterbewusstsein Sie unterstützen und entlasten möchte –achten Sie heute nach Jahren der Fahrpraxis noch bewusst darauf, wann sie kuppeln, bremsen oder blinken wollen? Also, all das funktioniert ohne weiteres auf der erlernten Grundlage.

Hier noch Beispiel. Das Lesen lernen. Dieser Prozess ist bei Ihnen vermutlich schon einige Jahre her und deshalb umso fester im Unterbewusstsein verankert. Während Sie als Schulkind mühsam Buchstaben um Buchstaben des Alphabets aufgenommen, gelernt und geübt haben, fällt Ihnen das Lesen heute wahnsinnig leicht.

Sie müssen die einzelnen Wörter nicht mehr buchstabenweise analysieren, zusammenziehen und verarbeiten. Sie lesen heute einfach darüber hinweg und erfassen dennoch den Sinn dessen, was Sie über die Augen aufnehmen. Eine Fähigkeit die Ihnen ebenfalls Ihr Unterbewusstes ermöglicht.

Testen Sie selbst und erkennen Sie...

Auch Sie sind genial

Afugrnud enier Sduite an enier Elingshcen Unviresität ist es eagl, in wlehcer Rienhnelfoge die Bcuhtsbaen in eniem Wrot sethen, das enizig wcihitge dbaei ist, dsas der estre und lztete Bcuhtsbae am rcihgiten Paltz snid.

Wirklich genial, oder? Was Sie wie bereits erwähnt dabei aber nie vergessen dürfen: Ihr Unterbewusstsein bewertet nicht, ihm ist es egal, ob eine Überzeugung, die Sie von sich selbst oder Ihrer Umwelt gewonnen haben, hilfreich für Sie ist oder nicht. Sein Ziel ist es nur, Sie dabei zu unterstützen, Ihre – wie auch immer gearteten – Überzeugungen Realität werden zu lassen. Das bedeutet: Haben Sie irgendwann einmal hinderliche Gedanken über sich und die Welt gelernt, werden diese automatisch zu Ihrer Realität.

Dank der Erkenntnisse der Gehirnforschung können Sie Ihrem Unterbewusstsein einen neuen, gewünschten und vor allem bewussten „Plan Ihrer erwünschten Ernährung" vermitteln. Mehr müssen Sie nicht tun. Ihr Unterbewusstsein wird selbstständig die von Ihnen visualisierte Traumfigur Realität werden lassen. So einfach ist das.

Die selbst erlernte Realität

Wussten Sie eigentlich, dass tatsächlich jeder seine eigene *gelernte Realität* erlebt? Stellen Sie sich vor, an einer Kreuzung kommt es zwischen zwei Autos zu einem Auffahrunfall, es kracht. Die Fahrer steigen aus. Der eine fängt sofort an zu brüllen, bekommt einen roten Kopf und würde sich vor Wut am liebsten auf die Straße werfen und mit den Fäusten trommeln. Der andere steigt aus und sagt ganz ruhig: „Nur gut, es ist nichts weiter passiert, wir sind beide gesund!" Hier agieren zwei Menschen ganz klar in ihrer jeweils gelernten Realität. Das Beispiel zeigt, jeder der beiden hat unterschiedliche Glaubenssätze als richtig und wichtig im Leben angenommen.

Die meiste Zeit unseres Lebens verbringen wir – ob wir es wahrhaben wollen oder nicht – im Modus „Autopilot", in dem das Unterbewusste für uns denkt und handelt. Dabei handelt es sich um einen Hilfs- bzw. Schutzmechanismus, weil wir sonst mit der Informationsflut überfordert wären die wir verarbeiten müssten, wenn wir jede Handlung von neuem überdenken würden. Denn das Bewusstsein ist lediglich in der Lage, rund 10 Informationen in der Sekunde zu verarbeiten. Beim Unterbewusstsein ist das anders. Es verarbeitet wesentlich mehr Informationen und ermöglicht uns instinktiv zu reagieren. Und dies geschieht durch Routine und Wiederholung. Wir müssen unserem Unterbewusstsein also das als Wiederholung vermitteln, was wir uns wünschen und wie wir sein wollen – das ist der Schlüssel zum gewünschten Körpergewicht und mehr noch, zu einem Leben nach Ihren Vorstellungen.

Das positive Bild

Noch etwas. Das Unterbewusstsein kann zwischen einem Bild, das wir im Geist entwerfen, und der Realität nicht unterscheiden. Machen Sie sich diese Tatsache beim Erreichen Ihres Wunschgewichtes und Ihres Essverhaltens zu nutze.

Erstellen Sie sich aus Ihren eigenen Visionen und Wünschen folgend mehrere Positiv-Bilder.

Arbeiten Sie täglich wechselnd mit einem anderen Positiv-Bild. Wenn sich eine Vision erfüllt hat, können Sie ohne weiteres Ihr nächstes Bild erstellen. Dadurch erschaffen Sie sich Schritt für Schritt, das Leben das Sie sich wirklich wünschen.

Visualisierung Ihrer Positiv-Bilder

Orientieren Sie sich am folgenden Beispiel! Angenommen, das Motto Ihres Positiv-Bildes lautet: *„Beim Essen fühle ich mich wohl"* Dann könnte das konkrete Bild, das Sie in Ihrem Kopf dazu zeichnen, folgendermaßen aussehen:

Sie sitzen in einem Bistro. Vor Ihnen steht ein Salat mit Käsewürfeln, Thunfisch und Oliven. Dazu gibt es geröstetes Baguette, Kräuterbutter und Kaffee oder was immer Sie möchten. Der Tisch ist einladend gedeckt und Sie fühlen sich wohl. Der Ober hat Ihnen die Kerze auf dem Tisch angezündet, ein angenehmer Duft schwebt im Raum. Ob Sie allein essen oder zu zweit, dass entscheiden Sie. Wichtig ist nur, Sie sehen ein Bild vor sich zu dem Sie sich hingezogen fühlen. Sie lassen sich voll und ganz auf Ihre Vorstellung ein.

Die Meditationstechnik

Für die Praxis ist es förderlich, die Übung in der klassischen Meditationshaltung durchzuführen. Gegenüber Ihrem Unterbewusstsein unterstreichen Sie damit die Bedeutung der Übung allein schon durch Ihre Körpersprache. Setzen Sie sich am besten auf ein Meditationskissen oder eine andere bequeme Unterlage. Natürlich können Sie die Übung auch auf einem Stuhl durchführen.

Praktische Übung

o Schließen Sie die Augen und entspannen Sie sich.

o Atmen Sie einige Male ein und aus. Lassen Sie den Atem kommen und gehen. Kontrollieren Sie ihn nicht.

o Lassen Sie nun eins Ihrer Positiv-Bild im Geist entstehen.

o Erfassen Sie Ihr Positiv-Bild mit jedem einzelnen Ihrer fünf Sinne nacheinander.

Das heißt: Wenn Sie riechen, dann riechen Sie. Und das so gut es geht. Wenn Sie schmecken, dann schmecken Sie – und so weiter. Achten Sie also darauf, die Sinneskanäle nicht zu vermischen.

Es wird immer wieder vorkommen, dass zB. wenn Sie Hören, das gesehene Bild dazu kommt. Nicht schlimm. Versuchen Sie immer, so gut es geht, die Sinneskanäle voneinander zu trennen. Die Reihenfolge in der Sie die fünf Sinneskanäle (Sehen, Hören, Fühlen, Riechen, Schmecken) erfassen können sie selbst wählen.

Zwischendurch abnehmen

Diese Vorgehensweise ist einfach und kompakt. Sie können Sie anwenden wann Sie möchten. Dazu ist es erforderlich, dass Sie sich bereits mindestens ein Positiv-Bild geschaffen haben, mit dem Sie auch regelmäßig arbeiten.

Arbeiten Sie mit diesem Bild dabei wie folgt:

o Schließen Sie Ihre Augen für etwa 2 Sekunden. Versuchen Sie in dieser Phase in der Sie Ihre Augen für etwa 2 Sekunden schließen, die Sequenz des *Sehens* aufzurufen. Danach öffnen Sie Ihre Augen und schließen Sie wieder. Jetzt rufen Sie sich die Sequenz des Hörens für etwa 2 Sekunden auf. In dieser Weise rufen Sie nun alle fünf Sinne nacheinander auf.

o Wenn Sie möchten, können Sie den Erfolgs-Klick auch abwandeln. Dabei ist es möglich, mit offenen oder geschlossenen Augen zu arbeiten. Die Wirkung liegt darin, dass Sie mit dem kurzen Aufrufen der Sequenzen, die gewünschten Verbindungen im Gehirn stets aufs Neue beleben und ausbauen.

Geben Sie der Technik eine faire Chance. Setzen Sie sich für den Anfang ein Ziel von mindestens 3 Monaten. 3 Monate in denen Sie die Übung regelmäßig und unter allen Umständen praktizieren. Nur dann können Sie das Potenzial und die Wirksamkeit dieser Übung auch selbst beurteilen. Wenn es sein muss, bieten Sie Ihrem inneren Schweinehund die Stirn. Geben Sie sich selbst das Versprechen diesen Zeitraum von 3 Monaten unter allen Umständen durchzuhalten.

Führen Sie die Übungen jeden Tag für mindestens 15 Minuten durch. Sie können die Übungen auch 2x10 Minuten praktizieren, je nach dem was für Sie angenehmer ist. Wichtig ist, dass Sie es tun!

Vertrauen Sie sich

Sie haben viele Jahre, wahrscheinlich sogar Jahrzehnte die destruktiven Verbindungen in Ihrem Gehirn genutzt und dadurch ständig weiter ausgebaut. Mit anderen Worten hatten Sie unersättliche und gierige Mitbewohner in Ihrem Kopf zu Gast. Die haben es sich so richtig bequem gemacht bei Ihnen. Ihr gieriges Kind hatte es einfach, niemand hat es gestört und seine Forderungen wurden meist erfüllt. Und jetzt soll alles anders werden.

Wie schon mehrfach angedeutet es wird Zeit brauchen, neue Verbindungen in Ihrem Gehirn anzulegen. Vergessen Sie nicht: So wie Ihr bisheriges Verhalten automatisiert war, können Sie zukünftig positives automatisieren. Lassen Sie sich nicht entmutigen, es wird immer Zeiten des Zweifels geben, aber...

Am Anfang ist jeder Rasen grün und makellos. Keine Spur ist zu sehen. Laufen Sie einmal darüber, ist schon eine Spur zu erkennen. Nach 10 Wiederholungen ist bereits eine deutlich sichtbare Spur zu erkennen. Nach 100 Wiederholungen ist es ein Pfad. Nach 1000 Wiederholungen ein Weg. Bauen Sie diesen aus gewollt aus, wird es eine Straße.

Vergleichbar mit diesem Beispiel arbeitet unser Gehirn. Im Jahr 2000 hat ein amerikanisches Forscherteam, das Denken eines Lebewesens sichtbar machen können. Die Ergebnisse belegen, dass durch Wiederholungen neue „Denkbahnen" im Gehirn eines Lebewesens angelegt werden können.

Akzeptieren Sie sich

In unseren Zeiten gilt eine ausgeprägte Siegermentalität. Überzogene Forderungen an sich und andere sind in. Höher, schneller, weiter. Nur der erste Platz zählt. Effizienz und Gewinnoptimierung. Wo in vergangener Zeit die Antwort auf einen Brief noch Gelassenheit erlaubte, verlangt die Mail heute eine sofortige

Reaktion. Zudem zeigen uns die Titelbilder jeder Hochglanz-Zeitschrift und der glückliche Kaffeegenießer aus dem Werbespot, dass man heute ganz einfach freudestrahlend durchs Leben geht. Je mehr Sie diese Anforderungen zu Ihren eigenen machen, desto schwieriger ist es, ein Leben in Zufriedenheit zu führen. Erlauben Sie sich deshalb ganz einfach auch mal graue Gedanken und schlechte Laune. Wenn Sie Negativität spüren, dann heißen Sie sie einfach willkommen.

Es klingt verrückt, ich weiß. Heute bekommen wir überall vermittelt, dass Menschen immer glücklich und zufrieden sind. Wenn es nicht so ist, dann müssen wir dagegen etwas tun. Ratgeber zur Selbstoptimierung lesen, Seminare besuchen oder einfach mehr Disziplin an den Tag legen. Doch so funktioniert es nicht. Versuchen Sie zu allererst sich, Ihr Körpergewicht und Ihr Essverhalten anzunehmen, so wie es ist. Wir Menschen werden zu über 95% von unbewussten Verhaltensmustern gelenkt.

Machen Sie es sich für die nächsten 6 Monate zur Aufgabe, Ihre unbewussten Überzeugungen und

Glaubenssätze durch neue und vor allem hilfreiche zu ersetzen. Sie müssen nicht forschen, von welchen Überzeugungen Ihr bisheriges Leben und Ihr bisheriges Essverhalten bestimmt waren. Wichtig ist einzig welche Bilder Sie sich für die Zukunft erstellen, also was Sie sich wünschen. Lenken Sie ihre Aufmerksamkeit immer darauf was Sie in Zukunft möchten.

Beispiel

Was auch immer Sie sich für Ihre Zukunft wünschen, solange Sie sich selbst nicht vertrauen, solange werden Sie Ihre Ziele nur sehr schwer erreichen. Überlegen Sie sich ernsthaft ein Bild, mit dem Sie Ihrem Unterbewusstsein vermitteln, dass Sie sich selbst vertrauen.

Was haben Sie in Ihrem Leben alles schon erreicht, von dem Sie sagen können: Stark, dass ich das geschafft habe – Ich kann mir vertrauen!

Sie kennen den Jo-Jo-Effekt? Und haben diesen schon am eigenen Leib erfahren? Ja?! Dazu hatten Sie zuvor abgenommen. Prima, da haben Sie einen ersten Grund, warum Sie sich vertrauen

können. Sie haben es geschafft abzunehmen.
Erstellen Sie damit Ihr erstes Positiv-Bild. Dazu
ein Beispiel:

o Sie sehen – Ihr geringeres Gewicht, die
   entsprechende Zahl auf der Waage

o Sie hören – das Geräusch der Waage, Musik
   im Radio

o Sie fühlen – Ihre Füße auf der Waage, Ihren
   Stolz, den Bademantel an den Beinen

o Sie riechen – Shampoo im Bad, Zahncreme

o Sie schmecken – Mundspülung oder das
   Wasser beim Gurgeln

Passen Sie die Beispiele für sich an. Sie werden es
spüren, wenn Ihre Positiv-Bilder Sie berühren.

Selbst Vertrauen

Es ist meine feste Überzeugung, Selbstvertrauen
ist eine der wichtigsten Grundlagen zum
erreichen Ihrer selbstgesteckten Ziele. Spielen Sie

im Gedanken mit Wörtern wie, „Selbst Vertrauen", „ich kann mir Selbst Vertrauen". Oder auch, „Ich Vertraue mir Selbst". Versuchen Sie tief im inneren zu spüren, wie es sich anfühlt, wenn Sie sich wirklich Selbst Vertrauen.

Eine Frage zum Schluss: Kennen Sie einen Menschen, dem Sie mehr vertrauen können, wie sich selbst?

Kennen Sie wirklich einen Menschen…?

Vertrauen Sie sich, und Sie werden erfolgreich sein!

Nachtisch

Heute ist ein wunderschöner Tag. Kleine weiße Wolken ziehen ihre Bahnen in Weite und Freiheit. Es ist ein Urlaubstag. Sie spüren den Sonnenschein auf der Haut. Die Wärme ist angenehm und wohlwollend. Licht und Sonne durchströmt Ihren ganzen Körper, bis in seine tiefsten Schichten. Besonders mild streichelt die Sonne Ihr Gesicht.

Wie von selbst, steigt in Ihnen ein fragender Gedanke auf. Wie entsteht das Gefühl von Wärme auf der Haut? Mehr noch, Sie stellen sich die Frage, wie mag die Sonne entstanden sein. Und, und ich?

Plötzlich, mit einem Mal, fühlt sich Ihr Herz befreit und leicht an. Eine bis heute ungekannte Leichtigkeit durchströmt Ihr ganzes Sein.

Eins wird Ihnen klar: Das Leben geschieht immer von allein. Ohne das Sie irgendetwas tun müssten. Das Leben passiert immer von selbst. Augenblicklich sind Sie völlig entspannt und Sie erkennen, was zu tun ist.

Einfach nur vertrauen und ruhig beobachten. Was auch immer da ist. Jetzt wissen Sie, so wie das liebliche Gefühl der Sonne, sich von selbst auf Ihrer Haut zeigt, so geschieht auch das Leben von selbst.

Entspannt lehnen Sie sich zurück. Was soll´s. Das Leben fließt doch einfach von selbst. Ihnen ist klar, es genügt einzig Vertrauen. Einzig Vertrauen in alles was da ist. Und Sie brauchen nicht tun. Sie entscheiden sich, alles so anzunehmen wie es ist.

Sie können Ihr Verlangen annehmen, so wie es ist. Und sich selbst. So wie Sie sind.

Zeitfracht Medien GmbH
Ferdinand-Jühlke-Straße 7
99095 Erfurt, Deutschland
produktsicherheit@kolibri360.de